아이의 손톱을 깎아 줄 때가 되었다

주영헌 시집

시인동네 시인선 049   주영헌 시집

아이의 손톱을 깎아 줄 때가 되었다

시인동네

시인의 말

이미 진 것을 기억하고
앞으로 질 것을 추억하기 위하여
사람을 쓰다

2016년 3월
주영헌

아이의 손톱을 깎아 줄 때가 되었다

시인의 말

차례

제1부

해무 · 11

윤회 · 12

송곳 · 14

화병(花病) · 16

벚꽃 족적 · 18

외계 · 20

졸음, 하엽(夏葉), 음표 · 22

위(胃) · 24

호수 빌라 · 26

묵전 · 28

진흑(眞黑) · 30

하안거 · 32

불의 씨앗 · 34

합죽선(合竹扇) · 36

끝 · 38

신도림역을 지나 다시 사당으로 · 40

붉은 실 · 42

나귀의 말 · 44

차가운 손톱 · 46

물소리 · 48

졸음의 지점 · 50

암자 · 52

공원을 지나는 · 54

눈물의 상류(上流) · 56

잠버릇 · 58

모개 · 59

제2부

새 · 63

담백한 삶 · 64

첫, · 66

주술 · 68

춤추는 나무 · 70

생각나무 · 72

특수상대성이론 · 74

미풍 · 76

반송 · 78

바람을 구기다 · 80

와글거리는 시간 · 82

기형(奇形) · 84

채집 · 86

목등(木燈) · 88

계약직 · 90

농담 · 92

이명 · 94

중력 · 96

상(喪) · 98

늪 · 100

문 · 102

내가 내게 말을 걸다 · 104

밥상 · 106

동거 · 108

해설 잔여의 애잔
    안서현(문학평론가) · 111

제1부

해무

영혼의 깊숙한 곳에서부터 흘러나오는
끈적끈적한 절망
동강 나버린 삶의 비릿함

술 한 모금 마시지 않고 잠들 수 없는 육체의 고통보다도
잃어버리지 말아야 할 것을 잃었다는 지독한 상실감
터져 나오는 사람으로서의 날울음

삶에 지치다

삶은,
희망이라는 독한 미약(媚藥)에 중독되지 않고서는
이처럼 잘 버티어낼 수 없을 것이다

내민 손도 잡을 수 없는 지독한 해무(海霧)
심해 속으로 가라앉아버린 희망

윤회

온몸에 가득 찬 슬픔은
눈물이 아니면 어디로 흘러가는 것일까
흐르는 것은 잠시 멈춰 있거나 어딘가로 다시 흘러가 처음이
무엇인지도 모르는 것을 찾아가는 것들
내 어머니가 첫아이를 잃었듯 나도 첫아이를 잃었다
슬픔도 윤회(輪回)하는가

먼저 진 것들이 가는 곳은 어디인지
나는 누구의 슬픔이 되어 어디로 흘러가야 하는 것인지
타자처럼 진지한 고민은
어느 지점에다 부려놓아야 하는지
흐르는 것들의 輪回란
그 처음과 끝을 알 수 없는 것이어서
내 몸을 흐르는 슬픔이 누구의 것인지도 모른다

슬픔은 말라가는 것이 아니라 몸속에서
강처럼 타지로 흘러가고 있는 것뿐
한밤 뒤척이다

물소리 흘러넘치지 않게 이불을 고쳐 덮는데
제 달을 못 채운 어린 슬픔이 칭얼거리는 저쪽
그 보채는 슬픔은 누가 달래줄 것인지

조용히 방문 열렸다
다시 닫히는 윤회의 틈

송곳

빈 몸에 취기로 둥지를 튼 새벽
몸 안이 절절 끓고 있다
거미처럼 천정으로 기어 올라간 그림자가 투명한 집을 짓는
새벽이 터져 환한 아침
순서를 앞지른 아이가 내 옆에서 거꾸로 자고 있다
추위를 쫓고 덮어준 이불 사이로 손가락이 뾰족하다
검게 때가 낀 손톱
아이의 손톱을 깎아 줄 때가 되었다

겪어 나가는 모든 일은 다 깰 때가 있다
어느 지점을 봉합한 아이가 중환자실에 누워 있는 일
잠시 시들었던 아이의 몸에선
시든 꽃잎들이 뚝뚝 떨어지고 있다
알아들을 수 없는 주문 같은 말들이 의사의 입에서 옮겨지고 있다
아침까지만 해도 아파트 앞 놀이터에서 놀다 온 두 손
억세게 철봉을 잡았던 손가락도 기진한 듯
아비의 손가락 마디 하나를 잡지 못하고 있다

병실이 놀이터라도 되는 듯
손톱 사이엔 놀이의 흔적이 얼룩져 있다
수액이 줄어드는 시간
그만큼 비워진 아이의 시간이 몸속에 차오르고 있다

분주함이 침대 하나씩 차지하고 누워 있는 병실
침묵은 분주함의 후생 중 하나일 것,

눈을 떴으나 몸을 일으키지 못했다
지난밤 가시지 않은 취기가 송곳처럼 머릿속을 쿡쿡 찌르고 있다
이제 아이는 지나온 빈 시간을 구겨 논다

정지된 것들을 터트리는 송곳이 반짝 빛났다

화병(花病)

꽃은 잎이 지는 소리를 가장 먼 곳에서 듣는다

흰 눈으로 짧은 여름밤을 보낼 때, 뒤척이고 있는 구름의 소리를 듣는다
어느 마음은 그걸 또 공손히 받아 적는다

사각거리는 소리
찌르레기 한 마리를 키우고 있는 것일까요
제 몸의 어느 부위를 저리 갉아내고 있을까요
딱딱하게 굳어버린 슬픔을 강철 손톱으로 긁어내는 것처럼
울림은 수천 겹 밤을 찢고 있네요
극도의 속성에 저런 경쾌한 소리가 있었는지
굳이 색깔로 말하자면 푸른색의 病과 동색일까요

소리를 키우는 病의 색소

슬픔에 철심처럼 박힌 괘념(掛念)은 잠시 접어두고
色을 즐기거나 아니면 音을 즐기거나

기억에 매달려 크고 있는 病의 유통기간은 언제까지인지
철 지난 病은 그냥 툭, 하는 소리로 사라지는지
병의 경과를 진단하는 저 바람의 의술
꽃잎은 다음 계절로 휘날리고 있다
이때쯤 꽃은 가장 환하다

꽃잎은 마음에서 가장 먼 곳부터 말라 간다

벚꽃 족적

언덕의 흰 산발은 어디론가 뛰어가는 중이다
고여 있는 봄날의 수면,
꽃잎의 수위 밑 얼굴들이 마르고 있고
깔깔대던 호흡들이 느릿느릿 걸어 나가고 있는 언덕의 봄 나무들
소란이 걸어 나간 어느 얼굴을 살피러
앞선 울음이 담장을 넘고 있다
슬픔에도 입구가 있어 문을 두드리면 우수수
겨울 꽃잎들이 쏟아질 것 같다

두 짝 걸음을 챙기지 못한 기별을 받고 나선 길
벚꽃은 사월의 눈처럼 휘날리고 있다
쉬 녹지 않던 곳마다 얼음은 두꺼워
졸졸 여윈 물소리를 장복(長服)으로 달고 살아왔는가
두 짝의 족적을 신고 오늘 아침 떠난 낙화가 움푹 파여 있다

싱싱한 슬픔은 외부에서 내부로 도착하고
받아든 손에 입김처럼 붙어 있는 꽃잎의 봉함(封緘)

따라나선 족적이 길인지도 모르고 걷고 있을 저쪽

겨울 쪽으로 몸을 기대고 있는 것들,
저 언덕의 산발에 바람이 다 빠져 나갈 때까지
봄날의 슬픔은 늘 내 것이 아닌 것에서 시작했으니
내 것이 아닌 마음으로 잊어주면 그뿐

외계

돼지부속을 씹는다
불편하게 덩어리져 내려가는 내 몸 안의 길을 더듬어본다
이 질긴 덩어리도 어느 몸 안의 가장 깊숙한 길이었으며, 가장 바깥의 길이었을 것이다
얼마 전 지나온 익숙한 국도변의 길도 그러했다

위험은 항상 저 건너편 거울 속에서
야생의 고양이처럼 웅크리고 있다
푸른 눈빛을 뿜으며 구불구불한 길의 바깥쪽에서 구형 타자기는 위험이라는 자판을 두드리고 있다
그 소리가 끝나는 지점엔
투명한 짐승이 검은 입을 벌리고 있다

내가 잃어버린 길에 보낸 소식들은 어디쯤 전송되고 있는 것일까
노란 점선을 따라 나선 길엔
잿빛 쇄골이 부서져 있다
속도가 가르고 지나간 길에는 빗물에 흘러내린 부속들이 탈

선이라는 새 길을 만들고 있다
　한 몸을 지탱하던 길은 질기다

　새 길이 개통되면서 구불구불한 길은
　돼지부속들처럼 꺼내어졌다
　연결되지 못한 길에는 떠나가지 못한 위험만 고여 있다
　거꾸로 잠들어버린 위험은
　바람에 제 몸을 말리며 썩어간다

　길은 한때 내부의 가장 안쪽이었으나
　지금 어느 곳으로도 연결되지 않는 외계다

　텅 빈 몸속으로 불빛 한 대가 빠르게 지나간다

졸음, 하엽(夏葉), 음표

축 처진 나무의 이파리들이 그늘 의자에 걸쳐 있다
엽록은 하얀 생각들로 가득했고 허공은 중심으로 빙그르 돌기 시작했다
바닥으로 흘러내리려고만 하는 잎의 무게
잎의 방향은 화살표처럼 떨어질 곳을 가늠하고 있고, 의자는 빈 시소처럼 익숙한 바람의 줄기에 걸려 있다
걸터앉아 있기 좋은 시간
잠시 눈을 감아도 좋아
그러나 아주 잠시, 아직 잠들 때가 아니니까
떨어뜨리려고 해도 찐득하게 달라붙어 있는 머릿속,
빈 둥지를 닮은 두통처럼

쉴 새 없이 흔들리는 음표들
오선지를 가득 채워가는 낮고 높은 음들
삐거덕거리는 반음과 쉼표로 한 악장을 넘기는 소리들
눈꺼풀이 시간을 닫으려는 오후

한참을 눈감고 있다 떴다

빈 사무실은 소리 없이 햇볕의 줄기를 향해 자라고 있고
창틀 사이로 여름 황사가
의자 하나를 차지하고 있다
기울어진 큰 바늘 시침이 낮은음자리 음표를 꺼내어 어디론가 알 수 없는 이명을 수신하고 있다

흠들이 꽉 들어차면 와르르 분해될 절기들
허공에 막 걸쳐 있는 잎의 음표를 바람이 독경(獨奏)하고 있다

위(胃)

바람이 나무의 밑동을 치고 있다
나무는 언제 바람을 소화시킬까
반쯤 떨어져 나간 슬레이트 지붕 사이로 소화되지 않는 허공의
면(面)이 낙엽처럼 떨어졌다

나무에 胃가 있다면
胃를 가득 채우는 흔들림은 허공의 속성일 것
부유의 존재들로부터 수유하는 수천 장의 바람
뭉쳐진 그늘 밑에서 나는 나무의 연금술을 생각한다

당신이 폐라고 생각하는 몸의 가장 가벼운 곳
공기를 먹는 胃가 아닐까요
그렇다면 당신은 나무와 같은 胃를 가졌군요
당신은 사람이란 나무였군요
부드러운 각질 속에 숨긴 무늬는 어느 산의 지도인가요
생각하는 지도
생명과 소멸이 아득히 반복되는 바람의 잎이나
마방이 달고 떠난 딸랑거리는 고원의 종소리는 같은 간격

더듬어볼 수 있을까요 연기가 가리키는 곳도 그곳일까요 허공의 면과 같은
　마을의 적요가 힘껏 늘려놓은 고무줄 같은 타지 느슨해진 마을의 남자들
　모두 어느 부위에 붙은 胃일까요

　나를 보여주듯 타다 만 모닥불 속에서 나무는 잠시 빛나고 있네요
　허공을 켜서 붙이는 불
　불도 나무와 같은 胃를 가졌군요

호수 빌라

빌라 한 채가 호수 한가운데로 이사를 왔다
맨 처음 길은 불화에서 소통으로 가려고 했던 것 같다
떠들썩한 집들이가 끝나고
새로 생긴 빌라에 몇 사람이 입주를 했다
한여름의 창문을 닫고 외출하지 않는 사람들
손잡이가 없는 현관, 흐릿하게 번져가는 입구

누구도 지나온 시절이 번지지 않은 사람은 없다
똑똑 두드리는 소리를 먹어치우는 집
집 앞으로 이어지는 길은
이어졌다 끊기기를 반복한다
물고기도 사람도 구름도 같이 뛰어노는 길
버드나무가 잎사귀를 늘어트려 빌라 주위를 비질하고 있다

고요가 품고 있는 집
점심나절 한바탕 소나기가 지나간 후
끊겼던 길이 다시 연결됐다
숨어 있던 창문들이 수면 밖으로 하나 둘 떠오른다

여름 장마가 깨끗이 유리창을 닦아내자
오래된 얼굴 하나가 창문을 연다
햇볕을 쬐지 못해 핏기 없는 얼굴, 나뭇잎 한 장이 떨어진다
잠시 멍한 얼굴에 주름이 생기고
흔들리는 나뭇잎 소리에 닫혀버리는 창문
바람의 무늬 밑으로 숨어버리는 얼굴

  누구의 공력(工力)도 더하지 않은 이 건물은 작은 바람에도
구겨진다
  잎들이 둥둥 떠 있는 계절에는 무겁게 가라앉아 있을
  이 집에는 무게가 없는 사람들이 산다

묵전

지난겨울 추위에 새싹을 뺏긴
빈 콩 쭉정이만 춘삼월을 조문하는 묵전
한여름 푸른 그늘을 키웠을 담배 대공이 드문드문 폐가 기둥처럼 남아 있다
오래전 이곳에도 집이 있었다고 한다
학업을 꺾고 도시로 나간 누이들의 귀향을 마중하러
신작로까지 한걸음에 달음질치던
담배 순만큼 푸른 아이들이 살던 그때
아이만큼 젊었던 밭은 한 계절도 쉬어 가지 않았다
연초(煙草) 건조장이 이쯤에 있었고
담뱃잎 푸른 연기가 자욱하던
아이들의 나이가 무거워지는 만큼 농자금도 무거워져
점점 굽어가는 등, 김씨는
신작로 가까운 곳으로 이사를 했다

이사 가서도 처음은 밭을 놀리지 않았다고 한다
계절마다 곡식을 심다
겨울을 먼저 쉬고 봄을 쉬고

묵전 옆으로 묵촌이 생겼다

반쯤 해동된 묵전
한 무리의 사람들이 모여 웅성거리고 있다
한쪽에선 아직도 타닥거리며 타고 있는 불씨들
반쯤 타다 만 담배 대궁에선 오래된 곰방대처럼 흰 연기 피어오르고
그 뒤편 그늘이 들지 않는 곳에
또 다른 생을 막 살기 시작한, 김씨의
둥그런 집 하나가 지어져 있다

진흑(眞黑)

열린 창으로 매미 소리가 한가롭게 날아 들어왔을 것이다

소음은 어디에도 앉지 않고 귓가를 날아다니고
그이의 눈꺼풀이 부르르 날개처럼 떨렸을 것이다
누구도 소등하지 못하는 한낮
딸깍, 마지막 빛을 끈 이는 그 누구도 아닌 그이 스스로였을 것이다
그러고는 잠시
기억이 희미한 밝기로 잠시 밝았을 것이다

한여름 선풍기를 틀어놓고 선잠을 잔 그이는
이쪽도 저쪽도 아닌 생을 한참 떠돌아다녔다
죽은 구름, 그 구름이 뿌리고 가는 소나기가 지나가자
몸은 녹물처럼 흘러내렸다
폐수로 뒤덮인 하천을 따라 다시 구름 속으로
들여다보이는 眞黑은 다시 내다보고 있는 색 진흑(眞黑)
모든 색의 合, 그 중심의 진흑(眞黑)

한바탕 소나기가 지나간 후
대문 앞에는 작은 등 하나가 걸렸다
떠들썩한 소리를 찾아오는 오랜 친구들을
등 하나 걸어놓고 맞이했던 그날 저녁의 길
구름 속에서 선풍기 하나 틀어놓았던 것처럼
바람은 그날 그렇게도 시원했다

하안거

소리의 후미가 나뭇잎 사이사이 숨어 있듯
문틈 사이 낀 편지봉투 하나가 위급함을 알린다
몇 개의 떨어진 잎사귀들이 길을 쓸고 다니는 골목
기침 소리가 쿨럭 흘러나온다
지병이란 오랜 친구와 같은 것
배추벌레처럼 온몸을 꿈틀거리며 기어 다니다가
때가 되면 배추흰나비처럼 날아오르는 것
골목에 어둠이 오고
기침처럼 몇 집의 창문이 깜박거리고
검은 길로 검은 보폭의 친구가 떠나고
어둠은 반듯 서서 제 속을 뒤집고 있다

기침을 오래 데리고 놀았던 혀는
이 밤 화석처럼 굳어갈 것이지만
바로 어제 한 다정한 말은 너무 멀리 잊혀져간다
죽음은 마을의 가장 떠들썩한 한 집을 골라 분주하고
적조했던 우리 사이에는
독상이 놓여 있어 나는 멀고 오래 취해 가는데

어린 배추포기 같은 이 하안거를 떠난 친구는 날개 한 벌은 챙겼을까
　빈 구멍만 늘어가는 배추의 여름
　파먹었던 자리를 또 파먹고 있는 벌레
　탈피의 때를 놓쳤다는 생각이 뒤늦다

　가설된 전구의 불빛이 환한 상가(喪家)
　죽비처럼 목덜미를 무는 따끔, 날벌레 몇 마리

불의 씨앗

저 나무에는 바람이 키우는 불씨들이 있다
불 냄새를 뚝뚝 떨어뜨리며 화기(火氣)를 품고 있는 나무
바람과 흰 연기, 같은 것들을 몸에 익히고 있는 수런거림 사이로
한 계절이 팔랑거리며 숨는다

갓 돋아난 붉은 잎사귀가
몇 대를 내려온 가옥을 붉게 물들였던 때가 있다
바람은 붉은 잎들을 모두 떨어뜨리고 나서야 잠잠해졌다
모가지 떨어져 나간 수도꼭지가
물줄기를 내뿜고 있을 때
불보다 뜨거운 마음은 동동 발만 굴렀다
어느 다비식을 보는 것 같았다
흰 눈처럼 타다 만 잿더미 속에서
가재도구들이 비루한 사리처럼 남아 있고
푸른 잎사귀 같은 아이의 발자국은
불 꺼진 마당 이곳저곳을 돌아다니고 있었다
한 계절이 꺼져가던 어느 날이었다

계절의 경계를 넘지 못한 반쯤 푸른 낙엽들이
싸리비 같은 바람에 툭툭 떨어진다
외잎이어서 새가 되지 못하고 지면에 떨어지는 불씨
이리저리 뒹굴다 무덤처럼 쌓인다
길 이곳저곳에 봉긋한 낙엽 봉분들
북쪽에서 날아온 흰 불씨들이 한 계절을 장사지내고 있다
무덤은 불처럼 타오르고 있다

합죽선(合竹扇)

물가의 저녁이 합죽선처럼 접히고 있다
계곡에서 불어오는 바람에 맞바람 치는 내〔河〕
이른 아침 물 위에 풀어놓은 나뭇잎 치어들이 종종거리며
얕은 물가로 모여들고 있다

여백에 그려 넣은 한 획이 흐릿하게 퍼져 나간다
접힌 자리는 바람의 통로가 되고
바람은 그 길을 따라 다시 불어올 것이다

바람 소리보다 더 소란스러운 것은 저 죽림(竹林)
숲에서 바람이 불어나오는 것을 보면
배후의 어디쯤
바람을 저장해놓은 창고가 있을 것 같다는 생각

숲에서 나는 소리란
떨어지는 잎들과 돋아나는 잎들의 일
합죽선으로 바람의 무릎을 치면
무거운 물의 겉장, 흘러가는 소리와

나비에 얹혀가는 공중의 무게가 잠시 만나는 일

　이때쯤 바람은 잎사귀 하나쯤 뚝 끊어 내〔河〕에 풀어놓지는
않을지
　저녁의 석양 몇 장은 꽃잎처럼 휘날리고 있지는 않을지

　흔들리는 것은 바람을 모으지 못하고 그저 흘려보낸다고 하
는데, 잘 마른 대〔竹〕 살 하나하나에 아교로 꼼꼼히 바람을 붙여
흔들리지 않는 나무들 묵〔墨〕빛이 다 빠져나간 주목(朱木)의 바
람처럼 오래 불 것이다

　어느 여름날 습하였으니
　소란스러운 바람들 뚝뚝 떨어지겠다

끝

 길이 막바지 푸른 잠행으로 마을로 돌아오고 있다 걸음에서 밀려난 길의 끝을 알리는 면식은 수풀에 묻혀 보이지 않았다 최근의 명부(名簿)에서 누락된 길, 느린 속력의 지점과 맞닿아 있는 길
 먼 곳의 나뭇잎들은 팔랑거리며 붉은 한기를 점등하고 있다 더 이상 그 길로 들어설 수 있는 목적지는 없다 길 끝에 몇 그루의 소나무를 심어 길의 끝과 숲의 끝이 같은 일면식으로 만난다는 전언

 느릿한 그림자들이 나무를 빙빙 돌아나가고 있다
 나무에 묶인 검은 개가 나무를 따라 눕는
 마을의 오후가 저 아래 있고
 절개된 길의 끝에서 시동을 끄고 어스름의 시간을 서성거린다
 지층으로 들어갔다는 듯 솟아 있는 길의 끝엔
 온통 햇빛으로 내려앉은 잔디만 누렇다

 아슬아슬한 후경의 풍경은 되돌아 나서고 있다
 후경 속에서 갓 꺼낸 길은 아직도 구불구불하다

나는 스스로 구부러진 길을 본 적이 없다
구부러진 길에서 보면 모든 길은 구부러져 있기 마련
길을 반듯하게 풀며 후진으로 멀어지는 숲과 길의 끝

끝은 저녁처럼 어두워져 간다
결계가 가득한 길에선 사면이 표류선처럼 경계 신호를 채집하고 있다

저쪽은 먼저 지워진 곳이다

신도림역을 지나 다시 사당으로

두더지처럼, 지하를 헤매다 지상으로 올라오면 습관적으로 고개를 들게 되지
달콤한 햇빛 아주 잠시 맛볼 수 있잖아
하지만 달콤함이란 그렇게 쉽게 맛볼 수 있는 것은 아니지
씀바귀 뿌리에서 찾는 것이 더 빠를 거야

신도림이야 다시 지하로 들어가는 길
어둠이라고 외쳐봐 검은 터널이, 검은 길이 발밑에서 흘러가지
어둠을 잠시 흔들어 깨우는 지상의 역들
몇 번을 뻥하고 터져버린 허공의 틈 사이 어둠이 보일 거야
어둠 속에서는 눈감아도 눈떠도 모두 동색이지

너, 계속 머리를 꾸벅이고 있지
그렇게 인정하고 싶은 것이 많겠지만 꼭 그럴 필요는 없지
순장된 공기들을 폐에 가두고 날아오르고 싶지
세상은 허공으로 가득 차 있으니까
숨을 한번 크게 쉬어봐, 허공이 너의 폐 속에 가득 담기지
혈관 속에 허공이 떠돌기 시작하면 몸이 가벼워지기 시작하지

이제 네가 하늘로 날아갈 준비가 됐다는 것
네 동공에서 시작된 비행이 터널을 뚫고 지상으로 그리고
신도림역을 지나 다시 사당으로

다음 정거장은 어디지
하늘, 아니면 네 외투 속의 구름 벌판
그곳에서도 스크린 도어는 잘 열릴까
하지만 알고 있니? 내 눈은 이미 어둠 속에서 닫혀버렸다는 것
어느 시대에 순장된 종족인지는 아니?

붉은 실

몸을 돌아 나오는 붉은 실을 바라본다
끊어지기 쉬운 실
팔에 꽂힌 두 개의 굵은 바늘이
왼편에서 오른편으로 만나는 동안
손은 오래된 카세트에 테이프를 넣는다
기진맥진한 나무보다 더 오래된 듯한 노래들이
호스를 타고 저편으로 빠져나간다
몇 곡의 노래들이 왕복하는 동안
저절로 방향이 바뀌는 낡은 노래들
잠에서 덜 깬 잡음들이 병실을 돌아다니고
건전지를 새로 넣은 카세트가 있는 아침
투석기가 천천히 돌아가고
흥얼거림은 몸을 돌다 천천히 빠져 나간다

몸 안과 몸 밖에 끈을 연결하고 사는 生
창밖 전선에 매달려 있는 참새들이 음표 같다는 생각
위험에 매달려 있는 생각이 비에 젖어
잠 속으로 흘러들어 간다

몸 안의 실이 몸 밖으로 다 풀리고 다시, 몸 밖의 실이 몸 안으로 다 감길 때까지
자주 끊기는 빗소리

흐릿한 빗속에 누워 있던 나무의 그림자들이 깨어나고 있다
구름의 서식지마다 흰 구름이 가득 채워지고
테이프가 다시 자동으로 바뀌 돈다

실타래가 다 빠져나간 두 팔이 뻐근하다

나귀의 말

불을 피웠던 곳에 검은 웅덩이가 고여 있다
길은 언제나 나귀의 목에서 먼저 울린다
눅눅한 고원의 그림자를 첫 볕에 툭툭 털어 말리는 시간
밑동에서 잠자고 있었던 몸들이
나뭇가지 끝에서 반짝인다
움푹한 도마뱀 같은, 변온의 잠자리
그 자리를 바람이 차지하고 있다

낭떠러지마다 매달려 있는 눈이 있다
등을 얻는 생들의 영혼엔 무거운 무게로 가득하다
저 협곡을 넘는 것은 이빨의 힘이다
평평하게 다져진 길처럼 다 닳은 이빨로
웃어야 할지 울어야 할지
선두의 종소리에 맞춰 딱딱거리는 소리
산허리에 걸려 있는 구름이
나귀의 입 주변에 하얗게 묻어난다

나이를 먹은 나귀는

사람처럼 웃는 소리를 낸다는 얘기가 있다
가을에 핀 봄꽃을 볼 때도 있다고 했다
봄꽃을 먹으면 등을 버릴 수도 있다고 한다
그러나 모두 나귀의 말
지나가는 바람의 말을 빌리면
구불구불한 길로 다니는 동물들은
직선의 길에게 제 몸을 내어 주어야 하는 것이 이 지역의 풍습이라고 했다

마을의 집들,
열린 문으로 비스듬히 누운 햇볕이 서성거린다

낭떠러지를 걸어가는 몇 마리 그림자가
구부러진 보폭으로
딸랑거리는 종소리를 앞서고 있다

차가운 손톱

봉선화 꽃잎 곱게 찧어 손톱 위에 올렸다
손톱을 붉게 물들인 것은 새의 영혼 같은 것이 아니었을까
바람의 뼈가 이식된 것 같은 날카로운 손톱
내 손의 검지는 새의 발톱을 닮았다
낚아챈 들짐승의 붉은 피가 밴 것처럼
검지엔 꽃물과 함께 달이 떠 있다

저 色은 어느 고원을 넘어온 것일까
고원은 어떤 종(種)을 품고 있으며 어떤 바람의 색을 키우고 있을까
전봇대 위에 매달린 풍선 같은 바람
가끔 환상은 보이지 않는 곳에서 밝다

꽃잎은 마음 안쪽으로부터 시들고
바람은 새 뼈의 안쪽부터 마른다

바람 한 점 흘리고 날아가는 깃털
저 바람 가득한 구름은 어느 절기를 알리는 부표일까

봄의 말미 뜨겁게 달아올랐을 홍안
지금쯤 고원엔 할 일 없는 바람이 바쁘겠다
초생이 지면 만월이 부화하고
추위가 가득 묻은 어느 손가락엔 봉선화 홀로
바래져 가는 노을을 품고 있겠다

물소리

제 속을 다 보여주며 흐르고 있는 물을
울렁거리는 몸으로 들여다본다
흘러가는 시간에 손을 씻다가 문득,
직선의 물길을 흐르지 못해 굽이치는 몸을 생각한다
지난밤 소란스럽게 내린 소나기는
취중의 풍경이 아니었을까
그 직선의 소리 줄기들이 물길로 모여드는 것을 보았다
몸을 떠난 말들은 유실(流失)이거나 아니면 침수(沈愁)겠지

독한 물들 다 날아간 아침,
조간을 펼쳐 읽듯 흐르는 물을 바라본다
그래, 이쯤은 어느 사회면쯤 되겠다
어느 욕설을 제목으로 달 술자리가 오래전 기사처럼 가물가
물하다

지난밤 흘러온 말들로 물거품이 일고 있는 물가에
축 처진 버드나무 가지는 높아진 수위(水位)를 입고 있다
하나 둘 아침 물가로 모여드는 몇몇 사내들

지독한 건기를 지난 듯 속은 갈라진 대지처럼 불타고 있을 것이다

귀먹은 소리가 캄캄한 물소리를 들을 때
아직 흐르지 못하고 몸 어딘가에 고여 있는 물
내 속을 다 보여주지 못하지만
물은 몸처럼 말라가고
흐르는 동안 이 몸을 떠나지 않는 말들이
긴 소리로 젖어갈 것이다

졸음의 지점

이쯤의 지점은 졸음이 유일한 소일이다
레일을 달리는 기차 소리가 한적한 숨소리 같다
잠든 몸을 달리는 숨소리
공중의 객차는 지금 어느 곳으로 유영하고 있을까
틈틈이 잠의 문을 여는 생시(生時)
덜컹거리는 어느 꿈의 차창에 정차한 불면의 빛들
허공으로 달리는 잠의 좌석이 불편하다
간혹 까무룩 빠져드는 잠의 생애를 알리는 안내방송이
과속방지턱처럼 튀어 오른다

정차 없는 생(生)
정면으로 흘러가는 후경을 묵묵히 바라보며
낯선 풍경의 깊숙한 곳으로 흘러가는 시간
음지의 비탈에 녹지 않은 몇 평의 겨울이 소금처럼 빛나고
흰 구름의 이불을 덮고 있는 창천
몇 개의 터널이 끊어놓는 채널의 정차들과
하품처럼 토해놓는 낯선 후경들

내 몸의 일정한 이 숨소리들은 지금 어디를 달려가고 있을까
짧은 순간을 향해
긴 시간을 달려가는 불편한 진동
아무리 몸을 구기며 고쳐 앉아도 불편하기만 한
난청이 몸을 흐르고 있다

누군가 남겨놓고 간 잔여분의 잠
잠들지 않는 좌석에서 흘러 나왔을 불편한 자세의 生들
구름을 끌어올려 덮고 참았을
수천의 갈래를 돌아 소리의 집으로 모여드는 길

풍경을 바꾸고 싶지만
본래 앞자리는 내 것이 아니었다

암자

암자는 몇 년째 구불한 길을 키우고 있다
물을 길어 올리기 힘든 배롱나무는
맨몸으로 절기를 구부려 수액을 마중하고 있다
사람의 나이를 지난 노승은 며칠째 생각을 끊고 있는 중이다
문을 열어주지 않는 쓸쓸한 풍경의 고리
물을 다 비운 늦가을 우기가 한가하다
지금쯤에는 부처도 곡기를 끊고 있겠다
생각을 버린 노승은
등신불의 거푸집을 만드느라 고요만 부산한데
어느 목구멍을 넘어온 새의 소리가
고요를 쪼아 터트리고 있다

모든 허공은 나무들의 거푸집이다
가장 격렬한 움직임이 정지이듯,
 오행(五行)을 다 버린 허공이 할 일이란 나무의 허영(虛影)을 재는 일
 비스듬히 누운 탑의 그림자를 몇 차례 밟아도
 점점 더 풀어질 뿐인 오후

무인(無因)의 짧은 길에는 門의 무늬만 가득하다

이생을 흐르는 물이 너무 무겁다
흔들리며 가볍게 비워가는 나뭇가지들
뒤집어진 한 해가 천천히 말라간다

공원을 지나는

추운 봄을 불러놓고 저 가시들 웅웅거리며 박혀 있다
눈감은 피안들이 말라가는 공원
누군가 울먹이며 앉아 있다면 그는 지금 목에 가시가 박혀 있다는 뜻이다
언덕을 생각하는 종족에겐 넘어올 것 또한 많다

목에 걸리는 가시들에겐 그물의 기억이 전부다
언덕엔 수목한계선이 따끔거리는 계절 죽은 것들을 삼키는 일이 새삼 두렵다는 생각이 든다
촘촘한 그물을 쳐놓은 편식의 습관도 다 소용없다는 생각
진수성찬이란 목구멍 이쪽의 일이고
저 언덕 너머에서 들리는 운구의 소란도 이쪽에서는 흔한 풍경이다

생선을 파는 트럭이 다음 계절로 이동하고 우리는 모두 맛이라고 익숙한 맛이란 익숙한 예의라고 입맛에 끌려가고 있는 봄이라고 확성기는 말하고 가시는 따끔거리는 맛을 지니고 있습니다 맛이 없다는 것, 다 죽은 것들이지요 우문(愚問)과 현답(賢

竅)이 꾸벅꾸벅 졸고 있는 오전

몸 밖이 몸 안을 간병하는 일,
제 스스로를 조문하기도 바쁜 한 계절이 뿌리는 붉은 엽전
꿀꺽하고 따끔거리던 오전이 넘어가는 순간
남녘 어디쯤에서 붉은 꽃망울들이 언덕을 넘어가고
꽃피는 계절은 아주 짧아
창문을 여는 순간 꽃들은 다 떨어지겠다

눈물의 상류(上流)

붉은 눈을 가진 순례객들은 회색빛 계단을 밟고 버스에 오른다
지하 깊숙한 곳으로부터 눈물을 끌어 올리는 눈
눈물은 어느 곳 오아시스일 수도 있다
말라붙어버린 상류 고원 어디쯤 있다는 염전에는
염수에서 진화한 몇몇 생물들이
절여진 영법으로 유유히 헤엄을 치고 있다

눈을 크게 뜨지 않는 편이 좋아 염어들이 눈 속에서 뻐끔거리고 붉은 눈을 켤 테니까

물이 흐르는 대로 몸을 맡기고 놀다보면 흰 달이 뜰 거야 깊숙한 달에서 들려오는 목소리에는 대답하지 마 달콤한 목소리에 이끌려 걸어가다 보면 네 대답만 캄캄해지고 흰 달은 다 지고 말 거야

입과 코 귓구멍에선 붉은 소금이 쏟아질 거야
염장된 몸으로 둥둥 떠올라 흰 달과 입맞춤하고
얼굴이 지워진 여인과 관계하며 발음되지 않는 누군가의 이

름을 부르고 싶다면
　스르륵 눈을 감아도 좋아
　염어들이 네 모든 풍경과 눈알을 먹어치울 거야
　더 이상 눈뜨지 않아도 돼

　무음의 애곡(哀哭)으로 들썩이는 실내, 반쯤 감겨진 눈꺼풀 사이로 싱싱한 잠이 흘러나오고 있다

　차창 안쪽으로 바람이 분다
　바람에 절여진 아카시아 향기가 뚝뚝 떨어지고 있다
　오늘 무엇인가 창밖으로 잃어버린 것만 같고
　짜디짠 갈증 한 마리가
　하루 종일 몸속을 돌아다니고 있는 것만 같다

잠버릇

오른쪽으로 누워야 잠이 드는 버릇이 있다

그것은
우리 시대 사람들이 편안히 잠드는 방법
선량한 사람들이 잠드는 방향

잠결에 몸을 뒤척일 때
흠칫 놀라 잠을 깬다
오른쪽으로 선량하게 몸을 돌리고
잠이 든다

자는 내내
아내와 얼굴을 마주하지 못한다

모개

할머니는 어린 막냇동생을 모개라 불렀다
울퉁불퉁 못생긴 과일 모개
철없던 나는
막냇동생을 모개라 놀렸다

그런데 지금 와서 생각하니,

예쁜 내 딸들을
모개야 부르고 있는 것이다

제2부

새

고압전선 위에 앉아
떨어질 듯 떨어질 듯
흔들리는 새들

새를 날게 하는 것은
빈 뼈와
바람의 힘이지만
새를 날 수 있게 하는 진정한 힘은
지상과 일정한 거리를 유지하며
살아가는
새의 긴장감

시는, 새처럼 쓰는 것이다

나와 일정한 거리를 유지하는
날카로운
펜의 긴장감

담백한 삶

사람이 얼마나 더 담백해질 수 있을까

몇 달 만에 찾아간 병원
의사가 오줌에서 담백뇨*가 나온다고 한다

담백하다는 말,
매력도 쥐뿔도 없이 태어난 사람이
들을 수 있는 최고의 찬사라서
나 또한,
시 좋다는 말보다 사람 담백하다는 말 더 좋아
그 말 한 마디 따스한 온기 얻어 살았는데,

담백하다는 말 한 마디
아와 어가 바뀌지도 않은 같은 말에
가슴이 뚝 떨어질 수 있음을 다시금 느낀다

사십하고도 몇 년을 더 살아온 세상살이
같은 말에 울 수도 웃을 수도 있다는 사실을

알면서도
왜 그리 자꾸만 잊어버리는 것인지

인생 좀 안다고 그래서 시를 쓰는 것이라고
우쭐거리면서도

---

*정확한 명칭은 단백뇨다.

첫,

　흐르는 것의 속성은 흐르고 흘러 다시 제자리로 되돌아온다는 것

　첫아이를 잃었을 때 십 년만 견디자 생각했다
　앞서 떠나보낸 사람들처럼
　누군가를 가슴에서 지우는 일은 딱 십 년이면 충분하지 않을까 하는 생각

　당신은,
　사랑이 그리 쉽게 떠나갔는가?

　지금껏 살아온 생(生)을 되돌아볼 때
　기억의 아픔은
　흐릿해지는 것이 아니라
　가슴속에 음각(陰刻)되는 것이었다

　추억은 옅어지고
　고통은 가슴속에 낙인으로 남는다

웃음 질 만한 앞뒤의 이야기는 모두 사라지고
통증만 남아
가슴을 찌른다

봄에 태어나 가을로 떠난
첫사랑

슬픔은 흐르고 흘러 몸으로 다시 파고든다

주술(呪術)

다래끼가 난 눈썹 하나를 뽑아
돌 사이에 끼워두면
돌을 찬 사람이 다래끼를 가져간다는
속설이 있지
발로 찬다는 것은 멀리 떠나보내는 것이 아니라
마음 가까이 두는 주술(呪術)

작은 돌멩이 몇 개 발에 챈다
돌멩이 속에 영혼이 깃들어져 있거나
눈에 보이지 않는 무수한 은하가 존재한다면
그 안의 모든 영혼들은
나와 한 몸이 되는 것일까

작은 돌멩이는 큰 바위의 흔적,
영혼이나 우주가 저 돌멩이를 닮았다면
영혼도, 우주도
소멸할 수밖에 없겠다

소멸하는 몸뚱어리 속에 깃든 영혼들은 다시 어디로
흘러가는 것일까

주머니 속의 돌멩이 몇 개
쉬지 않고 달그락거린다
맹렬히 껴안을 때마다 딱딱
부딪치는 마음도 있다

춤추는 나무

나는 나무
흔들리는 것이 유일한 소일거리인
직립을 하였으므로
팔을 벌려 작은 그늘 만들 수 있는 나는 나무

당신 앞에선 흔들리는 것이 전부인
나는 춤추는 나무
당신이 나에게 눈길 한번 주지 않아도
잎사귀 하나 없는 나신(裸身)의 몸으로도 부끄럼 없이
진심으로 흔들린다

나의 전생은 누구보다 무성했으리라
당신의 고개가 밤의 뒤척임 쪽으로 떨어질 때
나는 손을 벌려 넓은 그늘을 만들고
바람의 낮은 음률을 빌려
당신의 잠을 위하여 나지막이 흥얼거렸겠지
그때도 나는 바람의 음률에 맞춰
몸을 흔들며 춤을 추었을지도 모른다

오늘도 당신은 내 옆을 스쳐갔다
당신의 시선이 나에게 머무르지 않아도
사랑한 지 오래 되었으므로
춤을 춘다

당신을 위해 춤추고 싶은 나는
당신의 나무

생각나무

건물과 건물 사이
작은 생각나무 한 그루 서 있다

사이라는 말, 그것은 벗어날 수 없는 경계(境界)
당신을 벗어나서 살 수 없는

건물을 당신이라고 부른다면 나는
당신을 생각하는 생각나무
사이와 사이에서 바깥의 당신을 생각한다
당신은 어쩌면
가슴 뚫린 무수한 작은 창을 가진
조금씩 쓰러져 가는 낡은 건물

나에게 당신의 외로움을 기대줄 단단한 육체는 없다

당신이 어둠 속에 갇혀 있을 때나
초겨울 차디찬 가랑비를 맞고 있을 때 나는
당신 사이에 있다

바람을 맞을 때는 바람을
비를 맞을 때는 비를

함께한다는 것은 그런 것이다
사이에 서는 것
당신보다 더, 깊숙이 당신 사이에 서는

특수상대성이론

저 나무,
죽은 줄 알았더니 새순이 돋고 잎사귀가 핀다
반은 죽었지만, 반은 살았다
삶과 죽음의 그늘이 함께 자란다

노인,
낡은 보행기를 끌고 간다
육십갑자 하고도 한참을 더 감아야 되돌아갈 수 있는 어린 날
보행의 초심을 기억하려는 듯
조심조심 발을 떼고 있다
굳어버린 왼쪽 발은
함께 보행하던 오른발의 진심을 되짚으며
뒤처지지 않으려 애를 쓴다

공존(共存)이란
삶과 죽음이 서로의 등이 되어주는 일
생이 또 다른 생의 배후로
후생(後生)의 무게를 고스란히 지지해주는 일

잘려나간 밑동에서 새 줄기 돋아난다
노인이 아이의 손을 잡고 아장아장 걷는다
생(生)의
특수상대성이론

미풍(微風)

그대와 나 사이 선풍기가 회전한다
미풍으로

타이머에 맞춰 멈춰 섰다 회전하던
너와 나의 반복적인,
강풍에서 약풍으로 그리고 다시 미풍으로
옮겨 간 습관들

한쪽만을 바라보며 맹렬한 바람을 내뿜을 때도 있었지
버려진 방에 홀로 남아 고개를 숙이며 울 때도,
몇 날 며칠 하늘만을 바라보며 지난날 추억했을 때도 있었지

스타카토, 끊어지는 작은 신음 소리
가까이 가면 살며시 고개를 돌리는 너의 수줍음
우리는 언제까지 서로를
마주하고 있을 거라 생각했지
미묘한 감정은 약한 바람에도 날아갈 수 있음을
잊고 있었지

탁, 선풍기가 멈췄다
계절이 끝났다

이제, 사랑이 끝날 시간

반송

창밖 전화선에 가만히 손을 올려 실을 뜨다
찌릿한 느낌에 손가락을 들여다본다
회오리치는 지문 속으로
누군가가 보낸 감정이 누전된 것만 같다

실뜨기를 해본 사람만이 손과 실의 연결을 이해한다

실뜨기란,
허튼 고백이 아니라면 만날 수 없는 두 손으로
줄의 긴장감을 이어가는 일
혹은 마음에 새길 다음의 무늬를 짐작하는 일

실의 가닥에서 당신의 감촉을 기억한다

희미하게 느껴지는 맥박
느껴지지도 않은 작은 감정에
설레어본 적이 있었던가

전송하지 못하고 면도날처럼 입안에서 맴돌던
몇 줄의 모호한 문장과
눈〔目〕 속에서 무음으로 잠기던
그대의 뒷모습, 긴 머리카락

생각해보면 모호한 감정의 발신은
잊을 만큼 반송이 늦고,
단호한 몇 개의 단어는 긴 문장을 갈음한다

바람을 구기다

먼 곳의 지명이 갑자기 떠오를 때
그때 그곳의 바람 한 장이 펄럭였을 것이고,
그때 바람의 이름을 진저리라고 불러도 되나
봄날의 아카시가 향기의 힘을 모두 빼고 있는 중이다
하얗게 피어서 하얗게 말라가는 생
얼굴이 모두 지워진 것들이 분분(紛紛)할 것이고
멀리서 웃고 있는지 울고 있는지 분간은 난난(亂亂)할 것이다

기억나는 것들이 날린다 해도
내 기억에는 이미 윤곽이 없다
바람의 미세한 간극(間隙) 사이에는 주름만 가득해서
구겨진 기억은 거칠하기만 하다
바람, 하고 부를 때
흩어진 떨림들 사이마다 푸른 피가 흐를 것이고
쓸쓸함은 빽빽이 우거지겠지

바람, 하고 부르자
갓 열린 풋것들이 후드득 떨어진다

바래져 오랜 것들에게는 펄럭이는 낱장이 있다
낱장 한 장을 덮고도 나른해지는 오후

저쪽 언덕을 넘어오는 바람은 구겨지며 소란하다
나이가 없는 바람은 오늘도
아이처럼 바쁘다

와글거리는 시간

가로등 주위에 웬 씨앗들이 와글거린다
우수수 떨어진 검은 씨앗들의 눈
붉게도 아닌 뜨겁게 달궈진 등꽃 밑
씨앗들이 날개를 접고 있어 가볍다
땅으로 옮겨 심지도 못한 저 부러진 날개는 무엇이 되었을까
날개 없는 것들의 동경이
바람을 만들었다는 이국의 서(書)에
와글와글 적혀 있던 검은 씨앗들이 생각난다
그 씨앗 누군가의 눈에 따끔, 잡티라도 되었을 것이다

수만 마리의 저녁이 몰려들고 있는 환한 가로등 밑
문장에서 빠진 모음 하나가
소리를 우르르 무너트리고 있는 것처럼
목이 부러져버린 백열전구가
난감한 어둠을 불러 모으고 있는 저녁

저 능소화 눈을 멀게 할 향기만 빈 나무에 흘려보내고 있다

사람의 눈으로 들어온 향기가
눈을 멀게 할 수도 있다는 얘기는 듣지 못했다
눈물의 효과는 바람 한번 불었을 때의 시차보다도 짧게 고인다
날벌레 한 마리가 눈 속을
헤집고 돌아다니고 있는 붉은 아침
저쪽에서 불어온 것은 날개가 없는 바람이었다

캄캄한 나무 밑
필라멘트가 다 끊어진 꽃들이 깨져 있다

기형(奇形)

　물소리가 휘어 흐른 저 계곡의 수로에는 통증의 소리만 가득하다
　직립을 휘게 한 저 소리들은
　어느 수행자의 내력을 가진 것이 분명하다
　소리만 먹고도 오랜 계절을 지낸 나무는
　환청이 피워낸 잎을 다음 계절에 옮겨 심고 있다

　기형의 물길이 키운 기형목(奇形木)
　흐르겠다는 생각만 골똘했을 것이다
　최초의 씨앗에는 흘러온 기억만 가득해서
　간신히 찾아낸 뿌리의 계절마다 구불구불한 싹을 틔웠을 것이다

　저 물길을 가득 채웠을 어느 전생의 소리를 잠잠히 들어보면
　개울에 머리를 풀던 여인네들의 웃음소리나
　계곡을 거슬러 올라가던 물고기들의 수고가
　소란스러운 지난 계절의 환청처럼 저 멀리서 들려오는 것 같다

한 시절이 우기처럼 지나가니 계절이 마르고 소리도 말랐다
계곡의 수로는 잠잠하다
나무는 지금 묵동수행 중이다

모든 물길이 다 말라버린 저 수로
물 옆의 모든 나무들은 물처럼 흐르고 싶을 것이다

채집

물속으로 흘러든 소리들을 잠잠히 들어본다
수많은 소리를 채집했을 물의 능력
투명한 자력이 있어 산 그림자와
몇 채의 인가(人家)를 달고 있다
때때로 바람 냄새가 묻어 있는 것을 보면
흔들리는 것들, 다 물의 채집을 돕는 일족이겠다
긴 시간 흘러왔을 물길에는 수많은 소리가 붙어 있다
흐르는 만큼 쌓이는 물가
종(種)과 계(界)의 일상이 그대로 모여 물길이 붐빈다

물놀이를 하고 있는 아이들의 재잘거림이나
천렵을 끓이고 있는 양은솥의 들썩임
버들가지가 일필휘지로 물결에
주석(註釋)을 달고 있다
한 권의 책으로 붙은 물의 페이지
붐비는 물과 물 사이에는 경계가 없다

타지에서 흘러왔을 물길은 또 다른 타지로 흘러간다

물의 길에는 이정표가 없고
흐르는 내력의 편도만 있을 뿐이다

오후가 되고
물의 그늘은 너무 깊은 곳에 있어
주변의 어둑함들을 불러 모으고 있는 강
저녁의 어둠과 아침 채집을 반복해도
그 속을 들여다보면 텅 비어 속이 다 보인다

하나둘 불빛들이 물가에 다다라 불을 켜고 있는 반짝거리는 채집

목등(木燈)

  몇 그루의 나무들이 알전구를 켜고 있다
  푸른 점액이 마르고 그 마른 것들의 속으로 붉은 불을 내다 걸었을 계절이 지나가고
  찢겨진 구름 같은 눈송이 몇 개 내리기 시작한 초겨울 어둑해지는 오후
  마른 나뭇잎 몇 개가 반쯤 타버린 필라멘트처럼
  모기燈을 켜고 있다

  문득 바라본 창밖엔 불빛이 가득하다
  나뭇가지에는 빛 알갱이들이 점점 박혀 있다
  지는 해를 따라 흐릿해질 하루를
  다시 밝힐 木燈
  한껏 치장한 나무는 밤새
  지층에 겹겹이 쌓인 도시의 그늘을 빨아들인다
  정리할 수 없는 신호로 얽혀버린 신호등처럼
  木燈은 점점 어두워져 간다

  불 꺼진 새벽녘

나무엔 담쟁이 넝쿨처럼 전선들이 얽혀 있다
그때쯤이 가장 어둡다

계약직

새벽 첫 버스를 탔다
버스 좌석이 깊게 눌려 있다
지난밤 마지막 승객의 고단했던 하루가
고스란히 느껴진다
늦은 시간까지 야근을 했거나,
어린 시절 딱지를 주고받듯 동료들과 술잔을 기울이며
서로의 처지를 주고받았을 것이다
새벽 버스에 몸을 실은 내 삶도
별반 다르지 않아서
빌린 둥지에서 몸을 녹이듯
깊은 잠에 빠져든다

버스가 멈췄다 달릴 때마다 잠의 채널이 돌아간다
장그래장그래장그래
지난밤 TV드라마 대사가 이명처럼 울려 퍼진다

벨을 누르고,
환승을 위해 카드를 꺼낸다

하차를 위해 졸린 눈을 여는 사람들

환승을 하듯,
생(生)은 누구에게나
계약직이다
계약직이 아닌 사람이 없다

농담

생각해보니 골목은 늘 불룩한 자루 모양이었다
저쯤 어디에 묶인 시절이 있었고
지금쯤 다 빠져나갔다 싶은 기억도 툭툭 털면 폴폴 날아오르는 먼지
주머니 가득 스팸 메시지만 가득하고
모든 소슬바람은
비밀번호 하나쯤 갖고 있을 것 같은 저녁
우연히 옛 골목을 걷다가
누군가에게 했던 지키지 못한 약속의 지점까지 와버렸지
담장 너머여서 더 붉은 나뭇잎은
누군가의 입술을 닮아서
어느 대문 앞이 신파적으로 생각나기도 하고

물음표 같은 새순 갸웃거리던 날의 굵은 소나기처럼
소란스러운 날들이란
앞뒤가 다 흔들리는 저 잎과 같은 것
입 밖으로 물들지 못한 말들은
꿈처럼 순서 뒤바뀐 이야기 몇 개쯤 만들어내고 있고

기다림은 무작정 담장 뒤에 숨어
애꿎은 초인종만 괴롭혔었던 그때
그 시절엔 몰랐지, 아마
잎이 반쯤 떨어져버린 나무처럼
첫 입맞춤의 기억조차 가물거리는 나이가 된 지금
납작한 자루의 날들과 늦가을 비와
축축하게 젖어가는 옛 담(談)을

여보,
요새 매일 늦네, 애인이라도 생겼어?
와이셔츠 깃에 묻은 잎사귀를 툭툭 털어내며
던지는 농담(弄談)

이명

듣고 싶은 말이 있는데
들을 수 있는 귀가 없는 것처럼
듣고 싶지 않은데
들어야 하는 소리가 있다

지난여름 시작된 매미 소리는
흰 눈 쌓인 한겨울에도 멈추지 않는다
귓가에서 떨어지지 않는 치열한 울음
TV도 라디오도 켜지 않았는데
침묵을 뚫고 치직거리며 들리는 어떤 무수한 전파들

세상에 말 못한 입이 얼마나 많아
이곳저곳으로 전파를 쏘아대고 있는지
그 딱한 사정도 알 길이 없고
들을 수 있는 귀가 없어서
누군가의 비명과 절규도
말이 아니라 그저 이명처럼 들린다

귀가 있어도 들을 수 없는
입 없는 사람의 말이 있다

중력

물가로 떠밀려온 물고기가
부패하기 시작했다
몸을 지탱하던 중력이 사라진 것이다

몸의 균형이 무너지자
꼬리와 지느러미는 다른 방향을 향해 헤엄쳤을 것이고
몸은 배처럼 둥둥 떠올라
수면에 반쯤 몸을 기대어 누웠을 것이다
물결이 흔들릴 때마다 요람처럼 깊숙이 빠져드는 잠
점점 옅어지는 내부의 중력

몸을 뒤척일 수 없어
모로 누워 하늘과 구름과 별을 응시하다
서서히 물가로 떠밀려 왔을 것이다

뼈에 붙어 있던 살점들이 조금씩 떨어져 나가고
나머지 살점만이
아직 흩어지지 않은 중력에 기대어

억지로 붙어 있다

생각해보면 세상은
어두운 것이 환한 것을 지배하듯
보이지 않는 것이 보이는 것을 지배한다

상(喪)

친구의 부고 문자가 왔다
죽은지도 몰랐는데 벌써 내일이 발인이다
삶도 죽음도 성격이 있다고 말하던 조용한 친구
죽음도 조용하다

발인(發靷)이란
가슴에 걸어 먼 곳 보내주는 일
싫어도 억지로 앞장세워
그 뒤 따르는 일

있는 듯 없는 듯 뒤만 따라오던
이 친구,
이처럼 일가친척 많은 사람 뒤따르는 일 있었을까
혼자서 얼마만큼 멀리 갈 수 있을까
그와 함께할 사후(死後)란 것
생각해보지 않아서
어디쯤 다시 만날 수 있는지
가늠할 수 없다

친구 사이 쑥스러워 절 못할까 싶었는지
영정사진 밝게 웃고 있다
절하고 나서는데,
뒤통수가 뜨끈하다

절 잘 받았다고, 크게
웃는 것 같다

늪

그늘이 몸을 웅크리며 잠복한
보일러실 후미진 뒤편
끈끈이에 사로잡힌 쥐가 죽어 있다
단단한 한 쌍의 문치(門齒)로도
탈출할 수 없었는지 몸은
늪 속으로 끌려 들어간 동물의 사체처럼
움푹 꺼져 있다

작은 소요에도 달음질치며 쉼 없이
도망자의 한 생 의지하던 네 발,
허우적거릴 때마다 몸은
늪의 깊은 수렁 속으로 빠져들었을 것이다
마음의 무게중심도 점점 기울었을 것이다
먹이였던 벌레들이
먹이가 되어버린 몸을 뜯어 먹으려 달려들었다가
늪의 먹이가 되었을 것이다

늪은,

포식에 묶여 있는 애증의 사슬을
죽음이라는 한 글자로 간단히 해체한다
영원히 풀 수 없을 것 같은
생의 진리도
늪 안에서는 하나다

문

말이 다 빠져나가고
녹슨 대문이 굳게 입을 닫았다

문의 속성은 닫히는 것이다
아무리 힘을 줘도 문은 열리지 않는다
말의 어떤 공격에도
흔들리지 않는다

문은 말의 사악함을 안다
서로 기대어 살고 있으면서도 언제나 다른 방향을
바라보고 있다는 것도,
자존심 따윈 버리고 탄생했다는 것도

달콤함을 가진 말과
달콤함으로 문을 유혹하는 말
그리고 제자리를 지키려는 문

문의 속성은 열리는 것이다

안쪽으로 문이 열리고
말이 문 안으로 들어가면
말은 문 안의 것들을 파괴하기 시작한다

나를 파괴한다

내가 내게 말을 걸다

핏방울이 뚝 떨어진다
온몸의 파이프를 타고 떠돌던 피가 낡은 배관을 뚫고
울음처럼 툭
터진 것이다

피는, 배관공을 부를 틈도 없이
흘러내린다
도랑물이 개울물로 다시 강이 된다는 사실을 떠올릴 정도로
흘러내린다는 것의 철학을 몸을 통해서 증명하려는 듯
흘러내린다
이미 식어버렸다 생각했던 내 몸속에서 이처럼 뜨겁게
흐르던 것이 있었을까
내 속에서 흘러나오는 것이 오물뿐이 아님을
증명할 수 있는 유일한 것이기에
다행이다 싶을 정도로

내 몸속을 흐르는 것이
순수한 색을 띠고 있다는 사실을 내가 내게

말해주려는 듯
오래 알려주려는 듯

밥상

하루를 마친 가족들 밥상머리 둘러앉았습니다
숟가락 네 개와 젓가락 네 벌
짝을 맞추듯 앉아 있는 이 가족
조촐합니다

밥상 위엔 밥그릇에 짝을 맞춘 국그릇과
오물주물 잘 무쳐낸 가지나물
신맛 나는 배추김치
나란히 한 벌로 누워 있는 새끼 조기 두 마리뿐입니다

변변한 찬거리 없어도
이 밥상,
숟가락과 젓가락이 바쁩니다
숟가락 제때 들 수 없는 바깥세상
시간을 쪼개
가족이라는 이름으로 한자리에 둘러앉게 한 것은
모두 저 밥상의 힘이었을까요

어린 날 추억처럼 떠올려지는
옹기종기 저 모습,
참으로 입맛 도는 가족입니다

동거

당신, 나와 손잡는 것이 어때요?

머릿속이 가려울 때가 있어요 아무리 긁어도 시원해지지 않아요 내 머릿속은 연약해서 긁을 수 없어요 두부를 좋아하는 것에도 다 이유가 있어요 배가 부르다는 것은 불편하다는 의미죠 머릿속이 불편해서 터질 것 같아요 머릿속에 절지곤충 한 마리를 키웠으면 좋겠어요 먹성이 좋은 녀석으로 내 기억을 모조리 먹어치웠으면 좋겠어요 잊어버리고 싶은 것이 너무 많다는 말은 역설적이라기보다 진실에 가깝죠 진실은 무엇일까요?

오해하지 말아요 오해는 역설적이기도 하고 변증법적이기도 하죠 그러므로 오해하고 있지 않다는 말은 오해를 하고 있다는 말과 언제나 같은 의미였어요 사육당하고 있다는 말보다 이용당하고 있다는 말이 더 끔찍한 것과 같은 의미죠

완벽한 동거가 가능할까 궁금해질 때 머리를 긁어보아요 아무리 긁어도 머릿속까지 시원해지지 않아요 동거는 그런 것이죠 강제 퇴거를 요구할 수 없어요 우리에게 퇴거란 마지막으로

상대방의 손을 잡는 의식이죠

이 정도면 당신, 어때요 나와 손잡을 수 있지 않겠어요?

해설

잔여의 애잔

안서현(문학평론가)

  처음 이 시집의 수록 시들을 읽었을 때 시인의 눈이 상실을 바라보고 있다고만 여겼다. 거듭해 읽고 나서야 그 생각을 바꿀 수 있었다. 시인의 시선은 비어버린 공백에 머물고 있는 것이 아니라, 남아 있는 잔여를 바라보고 있었다는 것을. 텅 빈 공중이 아니라, 그 빈 공간을 대신 채우고 있는 "지독한 해무"(「해무」)로부터 (무)의미를 읽어내려 애쓰고 있었다는 것을.

  시집의 제목도 다시 읽어본다. 아이의 손톱을 깎아 준다는 것은 시간이 지나가고 난 자리에 남아 있는 생의 잔여를 바라보는 일일 터이다. 그러고 보니 퍽 쓸쓸한 일인 듯도 싶다. 하물며 병상에 누운 아이의 손톱을 깎아 주는 경우임에랴. 그것은 "수액이 줄어드는 시간" 가운데 천진하게 남은 "지나온 빈 시간"의 잔흔을 보는 일이며, "손가락도 기진한 듯" 힘을 잃은 가운데 아직도 남아 있는 애잔한 생장의 기미를 바라보는 일인 것이다(「송곳」).

상실에 관해 말할 때 우리는 체념적이 된다. 그리고 허망함을 숨기지 못한다. 그러나 잔여에 관해 말할 때 우리는 필사적이 된다. 허망함을 부인하는 것은 아니지만, 다른 자리로 눈을 돌리려는 안간힘이다. 그렇게 잔여로 상실을 견뎌온 이의 기록이, 그 견딤을 시의 뿌리로 삼은 시적 작업의 집적이 여기에 있다. 당신의 차례. 이제 당신은, 이 시들을 어떻게 견딜 것인가.

잔존의 기미

우리의 몸속이 사실은 "허공"이라는 것(「위」), 그 안에는 "낡은 배관"처럼 길이 뚫려 있다는 것은 그리 커다란 비밀도 아니다(「내가 내게 말을 걸다」). 그러다 그 길이 끊기게 되면, 그 길은 잘린 돼지부속 덩어리처럼 "어느 곳으로도 연결되지 않는 외계"로 고립되는 것이다(「외계」). 그러니 결국 몸이란 우리 삶이 잠시 지나가는 빈 통로인지도 모른다. 투석이란, 그런 우리 몸속의 길을 스스로 들여다보는 경험이다.

    몸을 돌아 나오는 붉은 실을 바라본다
    끊어지기 쉬운 실

팔에 꽂힌 두 개의 굵은 바늘이
왼편에서 오른편으로 만나는 동안
손은 오래된 카세트에 테이프를 넣는다
기진맥진한 나무보다 더 오래된 듯한 노래들이
호스를 타고 저편으로 빠져나간다
몇 곡의 노래들이 왕복하는 동안
저절로 방향이 바뀌는 낡은 노래들
잠에서 덜 깬 잡음들이 병실을 돌아다니고
건전지를 새로 넣은 카세트가 있는 아침
투석기가 천천히 돌아가고
흥얼거림은 몸을 돌다 천천히 빠져 나간다

몸 안과 몸 밖에 끈을 연결하고 사는 生
창밖 전선에 매달려 있는 참새들이 음표 같다는 생각
위험에 매달려 있는 생각이 비에 젖어
잠 속으로 흘러들어 간다

몸 안의 실이 몸 밖으로 다 풀리고 다시, 몸 밖의 실이 몸 안으로 다 감길 때까지
 자주 끊기는 빗소리

흐릿한 빗속에 누워 있던 나무의 그림자들이 깨어나고 있다
 구름의 서식지마다 흰 구름이 가득 채워지고

테이프가 다시 자동으로 바꿔 돈다

실타래가 다 빠져나간 두 팔이 뻐근하다
—「붉은 실」, 전문

이 투석의 경험을 통해, 비록 "끊어지기 쉬운" 가느다란 "실"일지라도 아직 몸길 안에 생생한 생의 기척이 남아 있다는 것을 시적 주체는 감각한다. 그 생의 "오래된 듯한 노래들"은, 테이프가 다 돌아가면 반대 면으로 바꿔 돌기까지 하면서, 진득하게 재생되고 있는 것이다. 그러한 실의 잔존을 통해, 노래의 건재를 통해, 주삿바늘을 빼고 난 저릿한 두 팔을 통해, 시적 주체는 생의 감각을 다시 확인한다. 그것은 필연적으로 "위험"과 안도 사이에서의 위태로움의 감각이다. 모든 생은 본질적으로 잔여로서의 생일 수밖에 없기 때문이다. 태어나 죽는 목숨들의 필연이다.

정차 없는 생(生)
정면으로 흘러가는 후경을 묵묵히 바라보며
낯선 풍경의 깊숙한 곳으로 흘러가는 시간
(중략)
내 몸의 일정한 이 숨소리들은 지금 어디를 달려가고 있을까
짧은 순간을 향해

> 긴 시간을 달려가는 불편한 진동
> 아무리 몸을 구기며 고쳐 앉아도 불편하기만 한
> 난청이 몸을 흐르고 있다
>
> ─「졸음의 지점」, 부분

「졸음의 지점」에서는 이 '잔여로서의 생'이라는 주제가 기차를 타고 가는 승객들의 불편한 여행의 장면으로 그 표현을 얻고 있다. 앞의 「붉은 실」에서 혈관 속을 흐르는 피의 이미지가, 터널 속을 뚫고 지나가는 열차의 이미지로 변주된다. 어찌되었든 생은 남은 것들의 줄기찬 흘러감이다. 그래서 '정처 없는 생' 대신 "정차 없는 생"이라 했다. 그 안에서 아직 하차하지 않고 남아 있는 승객들은 종착역에 도착할 때까지 "짧은 순간을 향해 긴 시간을 달려가는 불편한 진동"을 견디는 것밖에는 도리가 없다. "아무리 몸을 구기며 고쳐 앉아도 불편하기만" 한 잠만이 그 남은 시간을 소진하는 길이다. 그러니 "누군가 남겨놓고 간 잔여분의 잠"을 청할 수밖에 없다. 그것이 "유일한 소일"이며 이 흘러가는 생을 견디는 방식이므로. 그렇게, 잔존으로서의 생을 승인하고, 그 리듬에 익숙해져 간다. 삶에 대한 이만한 비유를 꾸려놓은 시인이 새삼 미덥다. 오래 마음에 간직될 만한 비유 한 자락이다.

잔해의 불빛

이번에는 죽음 이후에 남은 것에 관한 시편들이다. 가령 「중력」과 같은 시다. 물고기의 사체가 부패하기 시작하면서 "몸을 지탱하던 중력이 사라"져 살점들이 각개로 흩어져가는 모양을 관찰하고 있다. 그 모습에서도 시적 주체는 그 적나라하게 드러난 무의미를 어떻게든 의미로 승화시키려 한다. 흩어져버린 살점 대신 "아직 흩어지지 않은 중력에 기대어" "억지로 붙어 있"는 "나머지 살점"을 바라보는 것이다. 비록 "보이는 것"은 흩어져버릴지라도, 그 과정에서 "보이지 않는 것" 즉 그 몸을 붙들고 있던 힘의 존재는 더 명확하게 드러나게 된다. "보이지 않는 것"은 아직 남아 있다는 사실, 그리고 언제나 "보이지 않는 것이 보이는 것을 지배한다"는 진리의 발견, 그것은 이미 몸의 무의미를 보아버린 우리에게는 뜻밖의 자상한 위로가 아닐 수 없다.

이러한 '남은 것들이 주는 위로'를 담고 있는 시들을 몇 편 더 찾아 예를 들어보자. 꽃이 지더라도 그 낙화의 족적은 다시 저편(피안)의 생을 인도하는 길이 된다는 것(「벚꽃 족적」). 다 비워지고 난 허공도 존재의 허영(虛影)을 품은 거푸집이 된다는 것(「암자」). 물이 다 말라버린 고원에도 염전은 남아, 그 안에 다시 염어라는 한 생명을 살린다는 것(「눈물의 상류(上流)」). 첫사랑이 떠나가면 십 년이 지나도 엷어지지 않는 고통의 낙인이 남는다는 것(「첫,」). 사그라지는 모든 것은 잔여를 남긴다. 그리고 그 '잔여에 관해 말하기'는 주영헌 시인이 택한 고유한 시의 직무다.

> 반쯤 해동된 묵전
> 한 무리의 사람들이 모여 웅성거리고 있다
> 한쪽에선 아직도 타닥거리며 타고 있는 불씨들
> 반쯤 타다 만 담배 대궁에선 오래된 곰방대처럼 흰 연기 피어오르고
> 그 뒤편 그늘이 들지 않는 곳에
> 또 다른 생을 막 살기 시작한, 김씨의
> 둥그런 집 하나가 지어져 있다
> ―「묵전」, 부분

> 계절의 경계를 넘지 못한 반쯤 푸른 낙엽들이
> 싸리비 같은 바람에 툭툭 떨어진다
> 외잎이어서 새가 되지 못하고 지면에 떨어지는 불씨
> 이리저리 뒹굴다 무덤처럼 쌓인다
> 길 이곳저곳에 봉긋한 낙엽 봉분들
> 북쪽에서 날아온 흰 불씨들이 한 계절을 장사지내고 있다
> 무덤은 불처럼 타오르고 있다
> ―「불의 씨앗」, 부분

그중 잔해에서 타오르는 불빛을 그려내는 시들도 있어 모아 읽어볼 만하다. "김씨"는 자기가 일구던 밭을 묵전으로 만들어

두고 "또 다른 생"으로 건너간 이웃이다. 그 묵전에서 불씨가 타고 있고, 마지막으로 한 개비 태우고 간다는 듯 "담배 대궁"에서도 연기가 오르고 있다. 마치 새로운 생명을 깃들게 할 준비 같다(「묵전」). 또 "불씨"가 되어 떨어진 붉은 낙엽들이 "봉분"으로 쌓여 "불처럼 타오르고" 있다. 그 위로 눈이 "흰 불씨"처럼 혹은 타고 남은 재처럼 날리며 "한 계절을 장사지내"는 장면이다(「불의 씨앗」). 한 생이, 혹은 한 계절이 지나가고 남은 적멸의 자리에 끝까지 잔불이 타고 있는 풍경들에 시인은 주목한다. 마치 어느 선문답―이 빈 공간을 다시 무엇으로 가득 채울 수 있겠느냐는 스승의 물음에 말없이 불을 켜드는 동자의 대답―처럼, 적멸을 위로하기 위해 타는 불씨인 것만 같다.

  물속으로 흘러든 소리들을 잠잠히 들어본다
  수많은 소리를 채집했을 물의 능력
  투명한 자력이 있어 산 그림자와
  몇 채의 인가(人家)를 달고 있다
  때때로 바람 냄새가 묻어 있는 것을 보면
  흔들리는 것들, 다 물의 채집을 돕는 일족이겠다
  긴 시간 흘러왔을 물길에는 수많은 소리가 붙어 있다
  흐르는 만큼 쌓이는 물가
  종(種)과 계(界)의 일상이 그대로 모여 물길이 붐빈다

  (중략)

오후가 되고

물의 그늘은 너무 깊은 곳에 있어

주변의 어둑함들을 불러 모으고 있는 강

저녁의 어둠과 아침 채집을 반복해도

그 속을 들여다보면 텅 비어 속이 다 보인다

하나둘 불빛들이 물가에 다다라 불을 켜고 있는 반짝거리
는 채집

―「채집」, 부분

  강물은 하루를 흘려보내며 "수많은 소리"나 "주변의 어둑함"들을 "채집"한다. 흘러가다가 남은 그것들이 강의 반짝이는 불빛이 된다. 인가 근처에서는 유독 그 물길이 붐빈다. 흔들리며 흘러가는 생이 남긴 부산물들이 모여드는 모양이다. 그 속을 들여다보면 영락없는 무(無)의 자리지만, 시적 주체는 그 대신 무(無)의 정수(精髓)―소리와 어둠―만이 모여 있기에 처연하게 빛나는 그 반짝거림만을 응시한다. 그 반짝임에 관한 노래는, 그 어떤 허무에 관한 직설보다도 더 우리의 눈을 시리게 한다. 문득, 이 강물의 "채집"이 주영헌 시인의 시 쓰기를 닮았다는 생각도 스쳐간다.

잔말의 여운

비워지고 남은 몸은 불빛이 되지만, 비워지고 남은 말은 시가 되기도 한다. 비우려 해도 비워낼 수 없는 말들, 끝내 할 수도 없고 안 할 수도 없어 남아 있는 말들이 모여 시가 된다.

    고압전선 위에 앉아
    떨어질 듯 떨어질 듯
    흔들리는 새들

    새를 날게 하는 것은
    빈 뼈와
    바람의 힘이지만
    새를 날 수 있게 하는 진정한 힘은
    지상과 일정한 거리를 유지하며
    살아가는
    새의 긴장감

    시는, 새처럼 쓰는 것이다

    나와 일정한 거리를 유지하는
    날카로운
    펜의 긴장감

―「새」, 전문

  비우는 것은 중요한 일이지만, 다 비워내지 못한 몸의 무게를 가지고 공중에서 버티며 "긴장감"을 유지하는 것 역시 그에 못지않게 중요한 과제다. 이렇게 최후에 남은 것들을 가지고 버티는 일은 삶의 목표이자 시의 길이기도 한 것이다. 비움과 남김 사이의 긴장의 시론이 여기 표명되어 있다.

    전송하지 못하고 면도날처럼 입안에서 맴돌던
    몇 줄의 모호한 문장과
    눈[目] 속에서 무음으로 잠기던
    그대의 뒷모습, 긴 머리카락

    생각해보면 모호한 감정의 발신은
    잊을 만큼 반송이 늦고,
    단호한 몇 개의 단어는 긴 문장을 갈음한다
                                ―「반송」, 부분

    귀먹은 소리가 캄캄한 물소리를 들을 때
    아직 흐리지 못하고 몸 어딘가에 고여 있는 물
    내 속을 다 보여주지 못하지만
    물은 몸처럼 말라가고
    흐르는 동안 이 몸을 떠나지 않는 말들이

긴 소리로 젖어갈 것이다

　　　　　　　　　　　—「물소리」, 부분

　그 긴장감은 그대로 연서의 형식이기도 하다. 차마 "전송하지 못"했던 "모호한" 말들이 마치 "실뜨기"에서와 같은 팽팽한 "줄의 긴장감" 속에서 겨우 보내진 모양이다. "허튼 고백이 아니라면 만날 수 없"다는 것을 알기에 달리 보내지 않을 도리도 없다. 그런 "모호한" 연서에는 의례 답장도 팽팽한 긴장을 고스란히 반송해오기 마련이다. "잊을 만큼" 늦은 답장, "단호한 몇 개의 단어" 뒤에 "긴 문장"을 숨기고 있는 그 연서의 긴장된 형식은 시의 그것과 동일하다. 보내지 않으려고 지우고 지우던 끝에 남은 말들, 들키지 않으려고 아끼고 아낀 끝에 남아 겨우 들키는 말들이 바로 시일 것이다(「반송」). 또 「물소리」에서는 어떤가. 시적 주체는 "흐르고 있는 물"을 보다가 문득 몸속의 물길을 생각한다. "지난밤"의 "소나기" 끝에 "침수(沈水/沈愁)"가 일어난다. 그렇게 "흘러온 말들"로 한바탕 물이 불어나도 끝내 휩쓸려 흘러가버리지 않고 "이 몸을 떠나지 않는 말들"이 남아 시가 되는 것일 터다. 마치 앙금처럼 고여 있는 그 '남은 말'이 바로 시인에게는 시의 원천인 것이다. 또 그러한 잔말일수록 긴 여운을 남기게 마련이다.

　벚꽃잎처럼 애잔한 삶과 죽음의 잔여, 그것에 대한 천착이 주영헌 시인의 시 세계가 보여주는 미학의 핵심이다. 잔존으로서의 생의 슬픔, 잔불로 타는 죽은 것들의 위로, 그리고 잔설(殘說)로 쌓여만 가는 마음의 앙금. 흘러만 갈 수도 고여만 있을 수도 없는 우리 생의 여분의 감정들, 내뱉을 수도 없고 삼킬 수도 없는 우리 사랑의 남은 말들. 그런 것들이 시를 이룬다. 이 시집을 덮으면 그러한 잔여들의 잔상이 짙게 남는다. 정작 노래를 건넨 시인의 목소리는 나붓하기만 한데, 그 시들을 읽고 나서 잔여에 관해 더 말하려는 우리는, 자꾸만 필사적이 되고 만다.

이 도서의 국립중앙도서관 출판시도서목록(CIP)은 서지정보유통지원시스템 홈페이지(http://seoji.nl.go.kr)와 국가자료공동목록시스템(http://www.nl.go.kr/kolisnet)에서 이용하실 수 있습니다.(CIP제어번호: CIP2016004775)

시인동네 시인선 049

아이의 손톱을 깎아 줄 때가 되었다

ⓒ 주영헌

초판 1쇄 인쇄　2016년 2월 22일
초판 1쇄 발행　2016년 2월 29일
　　지은이　주영헌
　　펴낸이　고영
　　책임편집　이현호
　　디자인　헤이존
　　펴낸곳　문학의전당
　　출판등록　제311-2012-000043호
　　　주소　서울시 은평구 연서로11길 7-5 401호
　　편집실　서울시 마포구 마포대로 127, 413호(공덕동, 풍림VIP빌딩)
　　　전화　02-852-1977
　　　팩스　02-852-1978
　　　블로그　http://blog.naver.com/mhjd2003
　　전자우편　sbpoem@naver.com

　　　ISBN　979-11-5896-245-6　03810

* 이 책의 판권은 지은이와 문학의전당에 있습니다.
* 양측의 서면 동의 없는 무단 전재 및 복제를 금합니다.
* 잘못 만들어진 책은 바꿔드립니다.